Travessera de Gràcia, 73-79, 1.º 1.ª
08006 Barcelona
www.medialivecontent.com

Diseño: Patimpatam

Impreso en España
1.ª edición: febrero 2011
Depósito legal: B.3374-2011
ISBN: 978-84-92985-91-3

Lulú Pecas

UN SECRETO SECRETÍSIMO

MEDIALIVE

1. Yo mismísima

¡HOLAAA!

Me llamo Lulú Pecas y voy a cumplir 8 años superpronto.

Bueno, lo de Lulú no es mi nombre de verdad verdadera. Mi nombre es Lucía. Bonito, ¿a que sí?

Lo que pasa es que cuando era más pequeña que una pulga enana y alguien me preguntaba cómo me llamaba, yo respondía:

—Lu... Lu...

Y, ¡hala!, se me quedó pegado lo de Lulú.

Ya veis… ¡Cosas de la vida!

Claro que «Pecas» tampoco es mi verdadero apellido. Ahora que lo pienso…

¡Jo, soy una niña un poco inventada!

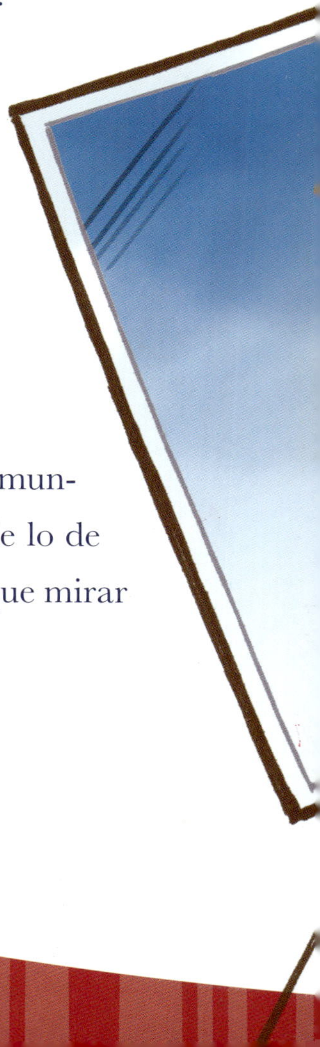

Y no os contaré por qué todo el mundo pone lo de «Pecas» detrás de lo de Lulú. Para saberlo, sólo tenéis que mirar mi foto.

Que ¿qué foto?

Pues ésta:

2.
Un secreto secretísimo

¡Hala!, ya me he presentado.

Y es que mi mamá dice que no tengo que hablar jamás de los jamases con desconocidos. Y que es de malísima educación no presentarse. Pues ¡ya está!, ya me he presentado y ya nos conocemos. Ahora ya podemos ***hablar a pierna suelta.***

¡Qué día! Me da un patatús cada vez que me acuerdo.

Porque, para que lo sepáis, hoy he empezado a ir al cole nuevo. Bueno, quiero decir que es nuevo para mí, porque el cole tiene más años que las cebollas. No sé por qué me ha salido esto de las cebollas. Debe de ser porque a mí la cebolla no me gusta nada de nada. Y tampoco me gustan las berenjenas, porque son cebollas disfrazadas de color lila.

Os lo digo para que lo sepáis, por si algún día queréis invitarme a comer. No la vayamos a liar.

Y como hoy empezaba a ir al cole, ya no he podido dormir de un tirón. Bueno, ni de un tirón ni nada de nada. Porque toda todísima la noche he estado pensando en

MI SECRETO.

¿Quéee? Que ¿qué secreto? Pues

MI SECRETO
SECRETÍSIMO.

Ése, el que está guardado en el bolsillo de **mis tejanos.**

Os lo cuento.

Ayer estuvo en casa mi primo Álvaro.

Mi primo es muy mayor, tiene once años y medio. Como os decía, es casi viejo. Y hasta el curso pasado iba al cole nuevo, pero que para él era el cole viejo porque iba a ese cole desde que nació. O casi. Pero es el cole nuevo para mí, porque yo no he ido nunca.

¿Lo pilláis? Pues vale.

Pero ahora mi primo Álvaro va a ir al instituto. Lo que os decía, es que es muy mayor.

Mamá nos preparó merienda y se puso a hablar con la tía Pilar. Y yo empecé a hacerle preguntas a mi primo: que si cómo era el cole nuevo por dentro, que si los profes eran simpáticos, que si había un patio muy grande, que si patatín que si patatán…

Y mi primo Álvaro, que mientras yo iba preguntando se había zampado su merienda y ya empezaba a zamparse la mía, dijo una cosa que por poco poquísimo me tira de la silla:

—**Lo que hay en ese cole es un misterio muy grande.**

Abrí una boca que parecía el túnel del metro. Así:

—¿Un mis… un misterio…?

—**Grande, grande** —dijo él.

—¡GLUPS!, no sé si me gustan los misterios, yo…

Pero mi primo iba a su rollo y ni me hacía caso ni nada. Claro, como es tan mayor...

—**Mira, para que lo entiendas mejor, te lo voy a dibujar.**

—Ah, ¿pero los misterios se dibujan?

—**Éste sí** —dijo Álvaro.

Cogió un papel, un lápiz y se puso manos a la obra.

—**Todo depende de esta llave, ¿ves?** —dijo mientras dibujaba una llave chiquitita.

—¡Ah! —exclamé yo.

—Y aquí debajo te dibujo el plano. Debes seguirlo para encontrar... lo que tienes que encontrar. Aunque primero tienes que encontrar la llave.

Ahí ya me lié. Y ya no podía abrir más los ojos, porque si los abría más se me rompían.

Álvaro dobló el papel y me dijo:

—Guárdalo bien.

—¿Es un secreto? —pregunté.

—Un SECRETO SECRETÍSIMO.

Y me puse el papel en el bolsillo de los tejanos para que no lo encontrara nadie.

Ahí, escondidito. Tan escondidito que por poco no lo encuentro ni yo.

3. Unas manchitas de nada

Mamá me ha despertado tan tempranísimo que las calles aún no estaban puestas.

Me he tapado con la sábana, para desaparecer del mundo. Sólo me salían los pelillos de la coronilla. Pero, ¡jo!, mamá es superlista y no ha habido nada que hacer.

—Vamos, Lulú…

¡Arriba!

¿No querrás llegar tarde al cole nuevo el primer día de clase, no? ¿Qué iban a pensar de ti?

—Me duele la tripa...

Eso era verdad verdadera. Sólo con oír las palabras «cole nuevo» me he acordado de

MI SECRETO, me han subido los nervios por la barriga como si estuvieran yendo de excursión y me han entrado ganas de ***gomitar***. Igualito que aquel día que me encontré un trocito superenano de cebolla en los macarrones y dejé la alfombra de la abu ***como los chorros del oro.***

Porque, para que lo sepáis, además de la cebolla y la berenjena, a mí no me gustan nada de nada ni los secretos ni los misterios. Es que me ponen los pelos del cogote de punta, los misterios. Y las pelis de miedo… buenooo, ni os lo cuento. Una vez vi una con un ojo y estuve despierta toda la noche entera. Como hoy.

—**Pues en el cole nuevo** —ha seguido mamá—, **te esperan unos profesores simpatiquísimos. Y un montón de niños y niñas con ganas de ser tus amigos.**

«Y un SECRETO SECRETÍSIMO»,

he pensado yo. Y se me ha puesto la piel de

gallina, igual igualito que cuando te mueres de frío y te ***hacen castaña los dientes.*** Así:

—**Vamos, Lulú, vístete ya, que se hace tardíSSSimo** —ha dicho mamá con muchas eses, porque cuando mamá está de los nervios habla con muchas eses, no sé por qué.

O sea, que no había nada que hacer: me tenía que vestir.

He mirado la ropa que mami me había preparado para mi primer día de cole nuevo.

¡Lo sabía!

Tendría que ir al cole vestida como el día del bautizo de Quique, el plasta de mi hermano.

Y, entonces, mientras miraba la faldita y la blusita y los zapatitos que me dejan los pies fritos, he pensado:

¡Anda la osa, mis tejanos!

Porque había dejado

MI SECRETO

en el bolsillo de los tejanos, los que llevaba ayer. Y, claro, como había una manchita de nada de sobrasada en una pierna y otra pequeñísima de chocolate en la otra, mamá seguro que YA los habría puesto en el cesto de la ropa sucia. ¡Segurísimo!

¡Qué exageradas son las mamás con eso de las manchas! No se les escapa ni una.

Pero eso ahora daba igual. Lo importante era que tenía que recuperar

MI SECRETO.

Eso si mamá no había tirado

MI SECRETO a la basura, que ésa es otra manía que tiene: papelito que ve, papelito que tira a la basura.

No había tiempo que perder.

4. Operación rescate

He ido de puntillas hacia la puerta. He mirado a un lado y a otro, como los detectives de las pelis. He oído cantar a mami en la cocina.

—***No hay morros en la costa*** —me he dicho a mí misma, y me he lanzado hacia el pasillo, como si fuera valiente y todo.

Entonces, en aquel mismísimo momento, el plasta se ha puesto a berrear. ¡Qué plasta! Claro, por eso el plasta es el plasta.

Me he vuelto a esconder en mi habitación, mientras mamá cruzaba el pasillo como si hubiera un incendio en la casa.

—*Uuuyyy... ¿Ya se ha despertado mi chiquitííínnn?* —ha dicho mamá entrando en la habitación de Quique.

BUUUFFF, menos mal. Ahora mamá se estaría tropecientas horas allí dentro y yo podría ir a lo mío.

Sin hacer ruido, por si había moscas, he ido a la cocina, he entrado al lavadero, me he acercado al cubo de la ropa sucísima y he metido la cabeza dentro.

¡QUÉ ASCO!

Ya me estaba poniendo verde del mareo que tenía, y de los tejanos, nada de nada. Pero, ¡carámbanos!, ¿dónde estaban mis pantalones? ¡Jo!, sólo faltaba que apareciese mamá y me encontrara con la cabeza en el cubo. Así:

El corazón me iba a cuatro mil por hora:

BUM

BUM

REQUETEBUUMM.

Y… ¡por fin! Ahí estaban mis tejanos. Abajo del todo. Con las manchas en el mismo sitio y más arrugados que una pasa, como dice la abu cuando se mira al espejo: «Mira qué cara tengo, más arrugada que una pasa».

Y… sin MI SECRETO SECRETÍSIMO en el bolsillo.

—¡JOPETA!

—he gritado sin querer.

—**¿Pasa algo, cariño?** —ha preguntado papá, que acababa de entrar en la cocina para hacerse su café para funcionar, porque papá siempre dice que sin su café de la mañana no puede funcionar. ¡Qué raro!, ¿no?

Iba a decirle a papá que había perdido MI SECRETO, pero me he mordido la lengua. De mentira, claro. Si MI SECRETO es un secreto, pues eso, no lo puede saber nadie, ¿no?

Sólo lo sabemos el primo Álvaro y yo.

Y, entonces, he tenido una gran idea porque, para que lo sepáis, seré un poco miedica, pero pensar, lo que se dice pensar, siempre pienso mucho.

—Papá, que ayer el primo Álvaro me dio un plano del cole para que no me perdiera el primer día…

—Qué majete, tu primo.

—Pero lo he perdido.

—Hija, Lulú, qué cabeza tienes…

—Digo yo que debe de estar en la basura, ¿no? Como lo puse en los pantalones, y los pantalones estaban entre la ropa sucia… pues eso.

Y papá, amablemente, ha abierto la bolsa de basura que aún no habíamos tirado al contenedor, ha puesto la cabeza dentro,

QUÉ ASCOOOOO,

Y…

¡ha encontrado mi papel!

—Debe de ser éste, ¿no?

Y lo iba a abrir, pero no le ha dado tiempo porque se lo he arrancado de la mano. Por poco me llevo los cinco dedos de papá pegados a

MI SECRETO.

Bueno…

¡Ya lo tenía!

5.
El cambiazo

He ido hacia mi habitación como una flecha. He abierto el papel y…

—¡Oh, no!

Le faltaba la mitad. Mamá lo debía de haber roto. Sólo se veía el dibujo de la llave; pero, ¿dónde estaba el plano?

He pensado que tenía que volver corriendo a la cocina para buscar la parte que faltaba de MI SECRETO. Pero entonces:

—¡Venga, Lulú!

Tómate el desayuno que nos vamoooos

—ha dicho, ¡no!, ha gritado papá.

¡Jo!, qué mañanita.

Me he puesto los pantalones sucios y he vuelto a esconder el papel en el bolsillo. ¡Buf!, ahora no pegaban nada con la blusita y los zapatitos. He abierto el armario y he cogido la primera camiseta que ha caído al suelo. Bueno, tampoco pegaba mucho. ¡En fin! Lo arreglaría poniéndome mis zapatillas preferidas, las negras con puntera blanca.

Ésas sí que molan. Mirad:

No quedaba tan mal. Y, con un poco de suerte, mamá no saldría de la habitación del plasta en dos días y no se daría cuenta del cambiazo. Y es que mami y yo tenemos ***ojos de vista*** distintos en eso de la moda.

He desayunado, me he cepillado los dientes, me he peinado, me he colgado a la espalda mi mochila nueva y le he dado la mano a papá.

¡BUF, Y TODO ESO EN UN PEQUIRETE!

Cuando el coche de papá ha arrancado, me he llevado la mano al bolsillo. He tocado el papelito misterioso y, poquito a poquito, he ido sacándolo de su escondite.

Nadie debía ver MI SECRETO. Aunque le faltara un trocito.

—¿Estás nerviosa, Lulú?

«¡Qué pregunta!», he pensado, porque, vamos a ver, cómo no se va a estar nervioso si encima de empezar el curso lo empiezas en un cole nuevo, que sabes que está lleno de misterios como en las pelis de miedo, y has perdido el plano que lleva hasta el misterio misterioso, y sólo tienes un dibujito de una llave enana…

—Bueno, un poquillo —he contestado justo en el momento en que papá aparcaba el coche.

Ya habíamos llegado al cole nuevo.

6.
El cole nuevo

Hemos entrado y papi se ha acercado a una ventanita y le ha dicho mi nombre a una señora que estaba dentro. Y también le ha dicho que yo era nueva.

La señora ha salido. No por la ventana, no. Ha salido por una puerta. Ha venido hacia mí como un cohete, y me ha dicho cómo se llamaba, aunque yo no se lo había preguntado ni nada. Eso ha debido de ser porque en el cole nuevo todo el mundo es muy educado y se presenta enseguida, así, con nombre y apellido.

—Holaaa, cariñete. ¿Así que eres nueva? Pues yo soy Rosi, la secre.

Rosi Lasecre me ha plantado dos besos, uno en cada mejilla, y luego ha dicho:

—Vamos, cariñete, que te acompaño a tu clase.

Y me ha arrancado de la mano de papá.

Papá me ha enviado un besito volador y yo me he tragado un montón de lágrimas que estaban a punto de escaparse por mis ojos, y el moco que estaba a punto de caerme por la nariz.

Hemos llegado a una clase. Tenía la puerta cerrada y por debajo se escapaba ruido.

¡Toc, toc!, ha llamado Rosi Lasecre a la puerta. Y la puerta se ha abierto y ha asomado una cabeza llena de ricitos.

—Mira, cariñete, esta señorita es Lidia y va a ser tu maestra.

Lidia no se parece nada pero nada a Rosi Lasecre. Es muchísimo más joven y no es como un árbol de Navidad lleno de adornos. Tiene ricitos en el pelo y lleva unas gafas rojas muy chulas.

Es así de guapa:

La seño nueva me ha gustado, pero no se me han quitado para nada las ganas de desaparecer debajo de una piedra, porque ahora todos los niños y las niñas me estaban mirando superfijamente y la cara se me estaba poniendo roja como un tomate, seguro, porque me quemaba como cuando tengo anginas y me sube la fiebre.

—¡Bienvenida! Tú debes de ser Lucía…

—**Lulú** —he contestado yo superrápidamente.

La seño nueva ha sonreído.

—Vale, si todo el mundo te llama Lulú, nosotros también te vamos a llamar así,

¿verdad niños?

Algunos han dicho que sí, otros se han reído y otros estaban en la higuera, que es donde la abu dice que estoy cuando no me entero de nada.

Tenía muchas ganas de echar a correr. Lejos. Muy lejos. A dos o trescientos metros.

¡O más!

He ***esturjado*** aún más fuerte

MI SECRETO.

Por lo menos, MI SECRETO no era tan nuevo como todo lo demás.

7. Mis compis

—Mira, Lulú, siéntate ahí, en la tercera fila, al lado de Ringo.

He mirado hacia la tercera fila. Había una mesa con dos sillas y un niño.

«¡Vaya! —he pensado— lo que me faltaba. Ahora me voy a tener que sentar con un niño que no me dejará en paz en todo el rato y que, además, tiene nombre de jarabe para la tos.»

Me he sentado. Y el niño de la tercera fila, que antes estaba solo pero ahora ya no porque yo estaba sentada a su lado, me ha mirado con dos ojos redondos y azules y me ha dicho:

—Hola, Lulú. Soy Ringo.

¡Qué supereducado que es todo el mundo en el cole nuevo! Mamá va a estar contentísima cuando se lo cuente. Pero yo, no.

Quiero decir que yo no estaba nada contentísima.

La seño nueva ha empezado a explicarnos cómo sería el nuevo curso. Bueno, eso, o sea, el curso era nuevo para todo el mundo.

¡Menos mal!

De verdad de la buena que he intentado escuchar a la seño nueva, porque papá siempre dice que si no escuchas en clase pues es casi como si no fueras al cole ni nada, y mamá dice que los que no atienden se quedan tontos ***intregales***.

Bueno, eso debe de ser muy malo; una enfermedad o algo así, ¿no?

Pero no ha habido tu tía, como dice la abu cuando no puede meter el hilo por el agujerito de la aguja. Se pone bizca y dice: «Que no hay tu tía».

No podía escuchar con las orejas porque estaba supernerviosa mirándolo todo.

Hasta que la seño nueva nos ha repartido un papel a rayitas y nos ha dicho que lo primero primerísimo era poner el nombre.

He mirado el papel de mi compi, a ver si me aclaraba con el suyo. Su nombre, quiero decir.

RING

Me ha dado la risa tonta.

—Pues vaya nombre más raro que tienes.

Él, mientras acababa de escribir la «O», sin mirarme ni nada, ha dicho:

—¡Pues anda que tú...!

Y no me he enfadado, porque tenía razón.

He hecho mi dibujo ***deprisa y volando***, porque me moría de ganas de entregarlo y poder sacar **MI SECRETO** del bolsillo, disimuladamente para mirar el dibujo de la llave.

Cuando he terminado, me he levantado y he ido hasta la mesa de la seño nueva para dejar ahí mi dibujo.

La seño ha sonreído y me ha dicho:

—Caramba, Lulú, eres toda una artista.

Yo también he sonreído y me he ido para mi sitio más feliz que el plasta con su chupete. Pero, al pasar por la primera fila, una niña muy tiesa, con vestidito de cuadros y coletas repeinadas, así:

se me ha quedado mirando como si yo fuera un bicho raro y ha dicho:

—¡QUÉ ASCO!, llevas dos lamparones en los pantalones.

La seño nueva, que no sé cómo se las apaña pero lo oye todo todísimo, la ha regañado sin gritar, porque la seño nueva no grita nunca. Bueno, aún no.

—Marina, por favor. No seas desagradable.

—Es que lleva…

Pero la seño nueva la ha hecho callar.

Entonces he visto que la niña que estaba sentada al lado de la Tiesa me miraba con una sonrisa muy grande.

Cuando he vuelto a mi sitio, le he preguntado a Ringo:

—¿Quién es esa niña que se sienta al lado de la Tiesa?

Él se ha echado a reír, no sé por qué, y de tanto

reírse ha hecho un borrón enorme en su dibujo, que si antes era feo ahora era horroroso de verdad.

—¿Al lado de Marina? Pues… ¡ah sí!, es Martita.

—Es guay —he dicho yo.

—Vale —ha contestado él.

Y hemos seguido cada uno con lo nuestro.

8.
Un desastre desastroso

Disimuladamente, he sacado

MI SECRETO SECRETÍSIMO del bolsillo.

Así, por debajo de la mesa.

—¿Qué es eso? —me ha preguntado Ringo, que ya había acabado su horrible dibujo y se aburría más que un pulpo perdido en un garaje, como dice papá cuando se le estropea el ordenador.

—Nada —he contestado yo disimulando.

Y cuando iba a volver a guardarlo, porque no me gustaba nada, pero nada, la cara que ponía Ringo y cómo miraba

MI SECRETO,

¡PLAF!,

de un tirón, me lo ha quitado.

¡Qué fuerte! Y yo que pensaba que Ringo era de fiar. Es que los niños me ***sacan de mis cajillas***.

—¡Dame eso! ¡Es mío!

—¡Lo flipas! Pues ahora es mío.

—¡Que no! Que me lo des...

¡UY, UY, UY…!, me parece que hemos gritado un poco muchísimo, porque, de golpe, hemos visto unas gafas rojas, un pelo lleno de rizos y una cara que nos miraba así:

—¿Ya empezamos, Ringo? El primer día y ya empezamos con tonterías. ¿Qué es eso que escondes?

—No es mío, seño —ha contestado Ringo.

—No, claro, por eso lo tienes en la mano. ¡Dámelo!

Y, claro, como a Ringo

MI SECRETO le importaba un

pepino se lo ha dado a la seño nueva y se ha quedado tan pancho.

¡Eso no podía ser!
¡Qué desastre más desastroso!

La seño nueva ha puesto

MI SECRETO en la mesa, debajo de unos libros, mientras movía la boca como si hablara pero sin hablar. Vamos, como la abu cuando se le quema el pastel de queso.

Ahora sí que se me ha caído una lágrima supergorda. Hasta he podido oír… ¡CHOFFF!

Y Ringo también lo ha debido de oír, porque me ha dicho:

—Lo siento.

Y entonces ha sonado el timbre. Todo el mundo ha salido corriendo de la clase menos la seño nueva y yo.

—Vamos, Lulú, que es hora de ir al patio a desayunar.

He pensado que si le decía a la seño nueva que no fuera desagradable como la Tiesa y que me devolviera mi papel por las buenas, a lo mejor, me lo devolvía.

Pero como soy un poco miedica y, además, me daba vergüenza abrir la boca, pues no la he abierto para nada. Ni para respirar.

Y he salido de la clase.

La seño nueva ha salido detrás de mí y ha cerrado la puerta con llave. Me ha acompañado hasta el patio.

—Y ahora, a jugar un ratito.

Pero, ¿quién tenía ganas de jugar?

9

¡Jo con Martita!

Me he sentado en un banco y he procurado llorar para adentro. Seguro que si la Tiesa me veía llorando, iba con el chivatazo a la seño nueva.

¡Qué solita estaba ahí, en aquel cole nuevo, sin mis amigos del cole viejo, sin papi ni mami, sin la abu! ¡Sin el plasta…!

Y sin MI SECRETO.

Anda que como se enterara el primo Álvaro…

Y entonces ha aparecido Martita. Y yo me he limpiado la nariz con la manga y he intentado disimular.

—No te preocupes. No pasa nada. Yo también lloro muchas veces y mi mamá siempre dice que llorar es bueno para los pulmones.

—¡Ah! —he contestado. Y me he puesto un poco, sólo un poquitín, más contenta, porque me ha gustado que Martita estuviera ahí, hablando conmigo.

—¿Por qué lloras?

Y entonces ha aparecido Ringo comiéndose un bocadillo de chorizo. Y ha dicho, con la boca llena:

—La señog me ha cogggido un papelg.

—Bueno, ni que fuera la primera vez —ha dicho Martita, y se ha reído. Pero Ringo, no. No se ha reído, quiero decir.

Ringo se ha tragado la bola de pan y chorizo.

—Es que era suyo —y me ha señalado con un dedo sucísimo. ¡Puajjj!

Martita me ha mirado:

—¿Y era importante ese papel?

Yo he movido la mano arriba y abajo.

¡Impor-
tante
importan-
tísimo!

—Pues… vamos a buscarlo —ha dicho Martita.

—Pero si la seño nueva ha cerrado la clase con llave…

—Eso no es un problema. Yo sé dónde guardan las llaves los profes.

Ringo y yo nos hemos quedado más tiesos que el día que el plasta se tragó la cara de un muñeco de trapo y terminamos todos en el hospital.

—Te las vas a cargar, Martita —ha dicho Ringo, que ni se acordaba de comer ni nada—. Nadie puede coger la llave y entrar en la clase.

Martita ha sonreído.

—Yo sí. Seguidme, porfi.

Y la hemos seguido, vaya que sí.

¡Jo con Martita!

10.
Un pelotón de llaves

La hemos seguido, ¡claro! Aunque a mí ***me hacían castaña los dientes*** de tanto temblar.

Martita ha dicho:

—¡Cubridme!

Así, como en las pelis. Y ha entrado en un cuartito, que está al lado de la sala donde desayunan los profes, para perdernos de vista un ratito y eso.

Yo no sabía demasiado bien lo que tenía que

hacer. He mirado a Ringo. Estaba apuntando hacia el pasillo con el bocata de chorizo y ponía los ojos arrugados y cara de enfadado. Así:

¡Buf!, se iba a armar, porque era igualito igualito que los malos de las pelis de la tele; y cuando salen los malos en la tele, la abu siempre dice: «¡Los malos!, ¡uy, la que se va a armar!».

Bueno, pues igual resulta que eso era lo que se tenía que hacer, de malo de la tele. Y lo he hecho. Pero apuntando con mi sándwich de queso, que a mí el chorizo no me gusta nada pero nada. Porque yo, para comer, soy un poco tiquismiquis.

Martita ha salido del cuartito con un ***pelotón de llaves*** en la mano.

—¡Lo flipas! —ha dicho Ringo—. ¿Y cuál es la de la clase?

—No sé. Las probamos y ya está.

Yo me he puesto supercontenta. Ahora entraríamos en la clase y yo cogería MI SECRETO y podría mirar el dibujo de la llave.

¡Por fin!

Pero Martita no ha ido hacia la puerta a probar las llaves y ya está. ¡NO! En vez de eso, se me ha quedado mirando superfijamente y ha dicho:

—Aunque antes, creo que Lulú nos tendría que explicar lo que hay en ese papel.

—¡Pero es que es

UN SECRETO SECRETÍSIMO!

—he saltado yo como un muelle.

—Pues no vamos a arriesgar nuestras vidas sin saberlo, ¿verdad o no, Ringo?

—¡Verdad!

He mirado a Martita. Y luego a Ringo. Así, primero a una y después a otro. No estaban mal como compis. No eran como la Tiesa,

¡qué va! Martita era muy simpática y valiente. Y Ringo… era Ringo. Quizá, pronto prontísimo serían mis amigos amiguísimos. Y, además, si entraba en la clase, cogía

MI SECRETO SECRETÍSIMO y miraba el dibujo de la llave, yo sola, pues como que no iba a saber qué hacer, ¿no?

¿Cómo buscaría la llave? ¿Dónde? Era mucho mejor que Martita y Ringo supieran la verdad verdadera, porque ellos conocían el cole de memoria y podían ayudarme.

—Buenooo…, vale…

Y he empezado a hablar por los codos, como dice mamá cuando no me callo; aunque yo no he visto nunca un codo que hable.

¡Jo!, qué tontería más tonta.

11. El misterio del cole

Nos hemos escondido superescondidísimos. Ya se sabe, con los secretos hay que llevar cuidadín.

Martita tenía el ***pelotón de llaves*** en la mano y Ringo se estaba comiendo el bocata, aunque a ratos, con la emoción, se le olvidaba comer. Me miraban superfijamente, como si también se les hubiera olvidado respirar. ¡A ver si se iban a morir bien muertos!

—Pues resulta que yo tengo un primo…

—¡Lo flipas!, esto va para largo. Cuando empiezas con la familia…

—¿Te quieres callar, caraculo?
—ha gritado Martita flojito. Y después me ha dicho—: Sigue, sigue…

—Pues mi primo Álvaro, que es supermayor porque ya tiene más de once años, antes venía a este cole, pero ya no viene porque ahora va al instituto.

Lo he dicho haciéndome la chula. Pero como no ha pasado nada, he continuado.

—Ayer vino a casa y me dijo que en este cole hay… ¿A qué no sabéis qué hay?

Martita y Ringo han dicho que no con la cabeza tan fuerte que un poco más y se les desenrosca.

Era la mía. Ahora iba a soltar la bomba.

—¡Un supermisterio!

—¡Lo flipas!

—¿Eso es lo que hay en tu papel? ¿Ése es

TU SECRETO SECRETÍSIMO?

—ha preguntado Martita.

Yo he dicho que sí sin decirlo, o sea, con la cabeza.

—¿Y qué pone en el papel?

Yo he mirado hacia la puerta cerrada de la clase, luego he mirado el ***pelotón de llaves*** que tenía Martita en la mano y he dicho, haciéndome la interesante.

—Eso lo podéis ver con vuestros propios ojos.

Martita se ha levantado y ha ido como un cohete hacia la puerta cerrada de la clase.

Y Ringo y yo la hemos seguido.

Y, entonces, Martita ha empezado a probar las llaves, mientras Ringo la cubría con el bocata de chorizo y cara de enfadado. Yo estaba la mar de nerviosa, y no podía parar quieta, ni decir ni mu. Sólo daba saltitos como si tuviera mucho pis. Bueno, es que tenía.

Y entonces…

—¡Ya está!

Martita ha abierto la clase y la puerta ha hecho ÑEEECCC. Y mi corazón…

BUM

BUM

REQUETEBUUUUMM…

Y no me he movido de mi sitio. Y Ringo tampoco. Y es que Martita es un poco muy valiente. Pero Ringo y yo… pues como que no.

—¿Vais a entrar o tengo que ir a buscaros?

Ringo me ha mirado. Yo he mirado a Ringo. Hemos hecho ASÍ con los hombros:

Y hemos entrado.

12. ¿Dónde está el plano?

Nos hemos abalanzado sobre la mesa de la seño nueva como tres indios al ataque.

Ahí estaba **MI SECRETO.**

Lo he cogido ***con una sonrisa de ceja a oreja.*** Martita y Ringo estaban tan encima de mí que no me dejaban ni respirar. Era mi ocasión de hacerme la chula de verdad verdadera, que como dice la abu, la ocasión la pintan… la pintan… ahora no me acuerdo cómo la pintan.

Bueno, la pintan y punto pelota.

He abierto **MI SECRETO**

con cuidadín.

Mirad lo que había dentro:

—¡Lo flipas!

—¡Qué superfuerte!

Yo me he sonreído. Se habían quedado con los cuatro ojos, es decir, los dos de Martita y los dos de Ringo, pegados en el dibujo de la llave. Y es que mi primo Álvaro, como es tan mayor, dibuja superbién.

—¿Y dónde está esa llave? —ha preguntado Martita.

—¡Ah!, pues eso ya no lo sé —he dicho yo, porque, vamos a ver, ¿es que una tiene que saberlo todo el primer día, o qué?

Nos hemos quedado más callados que una momia. Hasta que Ringo ha tenido que abrir su bocaza toda roja de chorizo:

—¿Y dónde está el plano? Porque aquí pone plano y no hay plano.

—Y el papel está roto, ¿no? —ha preguntado Martita.

He intentado disimular. Pero como Martita y Ringo me miraban como si me quisieran agujerear, al final he dicho, flojito eso sí:

—Perdido…

Ringo ha movido la cabeza mientras se zampaba de un mordisco lo que le quedaba del bocata:

—Egto va a seg chunggo.

Yo no me he dado por vencida:

—Tenemos que buscar la llave, ¿no os parece?

—Sí —ha dicho Martita—. Seguro que el cole esconde un gran misterio.

—O dos —he dicho yo.

Y nos hemos quedado mirando

MI SECRETO
SECRETÍSIMO

con ojos de peli de miedo.

13. La llavecita pequeñita

Y en este momento tan superimportante, mientras Martita y yo pensábamos dónde podría estar la llave, Ringo ha empezado a jugar con el ***pelotón de llaves*** de la seño nueva.

—Voooy a abrir la cueva de Alí Babáaa…

—decía.

—¿Quieres dejar de hacer el oso?

—le ha gritado Martita.

Y yo me he imaginado un oso con cara de Ringo y me ha entrado la risa tonta.

—No puedooo, estoy abriendo

el cofre del tesoro…

Uyyy…

pues mira, sí, se ha abierto.

Martita y yo hemos corrido hacia donde estaba Ringo haciendo el oso.

En una mesa pequeñita, debajo de la ventana y al lado de la mesa grandota de la seño nueva, había una maceta, cien libros y una cajita, la cajita que Ringo acababa de abrir con una de las llaves del ***pelotón de llaves.***

Hemos mirado los tres dentro de la cajita. Mirad lo que había:

—Ualaaa… ¡la llave del dibujo! —ha dicho Ringo.

—Igualita, igualita —ha dicho Martita.

—¡Qué pequeñaja! —ha añadido Ringo.

—¡Y qué supermisteriosa! —he dicho yo.

Y en un ***pequirete***, Ringo ha cogido la llave pequeñaja supermisteriosa y se la ha metido en el bolsillo.

—¿Se puede saber qué haces, caraculo?

—le ha preguntado Martita superenfadada.

—Aquí hay un misterio y vamos a descubrirlo —ha contestado él.

Nos ha mirado y ha añadido:

—¿Somos un equipo?

Martita y yo hemos mirado a Ringo como si fuera un marciano verde. Íbamos a ***cantarle las ochenta***, pero entonces…

14. Un supermisterio misterioso

¡RIIINNNGGG...!

Ha sonado el timbre. El recreo se había terminado. Nos iban a pillar con las manos en las llaves.

Hemos salido pitando de la clase. Martita se ha hecho un lío con el ***pelotón de llaves.*** Ringo y yo la cubríamos, pero con las manos, porque ya nos habíamos zampado los bocatas.

El pasillo se ha empezado a llenar de ruidos y de niños sudando como regaderas de tanto hacer el indio en el patio.

Por fin, Martita ha cerrado la clase.

Hemos salido zumbando hacia el cuartito de las llaves. La seño nueva estaba a punto de entrar. Nos hemos mirado los tres. No había tiempo para nada de nada. Yo estaba buscando una idea dentro de mi cabeza.

—¡Seño! —he gritado.

La seño nueva se ha girado y ha venido hacia mí. En ese momento, Martita y Ringo han pasado por detrás de puntillas, como la abu y yo cuando el plasta está durmiendo: «Vamos a andar de puntillas, Lulú, que si se despierta tu hermano, nos va a dar la lata».

—¿Qué pasa, Lulú?

—Pues…

—¿Sí?

Ringo y Martita han salido del cuartito. Disimuladamente, se han ido con los otros niños.

—Pues… ¡que es muy chulo el cole nuevo! —he dicho por fin. Y he resoplado como el autobús cuando llega a la parada y resopla tanto que parece que se va a deshinchar, con la gente dentro y todo.

—Me alegro de que te guste —ha dicho la seño nueva, sonriendo mucho—. Ahora ve a la clase y di a tus compañeros que esperen en fila. Voy a buscar la llave.

He ido hacia la clase. Mis piernas parecían dos flanes de esos que hace la abu, con caramelo y todo por arriba, que meneas un poquitín el plato y tiemblan, te da la risa tonta y la abu te regaña y te dice que no hagas cochinadas.

Hemos entrado y nos hemos sentado en nuestros sitios.

Ringo ha sacado la llave del bolsillo y me la ha enseñado por debajo de la mesa. Así:

—Comienza la aventura… —ha dicho por lo bajini.

Me han empezado a subir burbujitas por la barriga. Nervios, eso eran nervios.

¡Mira que si había ido a parar a un cole nuevo encantado...!

O a un cole nuevo que tenía un

tesoro escondido...

He mirado la llave.

¿Qué supermisterio misterioso escondía el cole nuevo?

Lo que dice Lulú

Ay, ay, Lulú… a veces la lías con las palabras. A ver si aprendes algunas cosillas sobre la lengua:

Hablar a pierna suelta: Eso te lo has inventado tú, lista. Se dice *dormir a pierna suelta,* cuando dormimos la mar de bien.

Gomitar: Con «v», Lulú. Cuando te duele la tripita y expulsas lo que has comido, *vomitas.*

Dejar la alfombra como los chorros del oro: Eso sería si la hubieras dejado limpia limpísima pero, como la ensuciaste, debes decir dejarla hecha un asco.

Te hacen castaña los dientes: Cuando tenemos mucho miedo, o frío, *los dientes castañean o castañetean*, Lulú.

No hay morros en la costa: No te enteras, maja; se dice que *no hay moros en la costa* cuando tenemos vía libre para hacer algo.

Por si había moscas: No, mujer, *por si las moscas* o *por si acaso.*

Ojos de vista: Cuando tú y mamá veis las cosas de manera diferente debes decir que tenéis *puntos de vista distintos.*

Carámbanos: Querrás decir *caramba*, ¿no?

En un pequirete o esturjar: A veces, Lulú, pones las consonantes donde te da la gana. Debes decir *en un periquete*, cuando haces algo rápidamente; y *estrujar*, cuando aprietas algo entre tus manos superfuerte.

Intregales: ¡No! La palabreja correcta es *integrales*, es decir, completos, del todo.

Deprisa y volando: ¡Casi! Decimos *deprisa y corriendo* cuando hacemos algo rápidamente.

Sacarme de mis cajillas: Cuando pierdes la paciencia, *te sacan de tus casillas.*

Un pelotón de llaves: Buenooo… Si hay muchas llaves, debemos decir *un montón de llaves.*

De ceja a oreja: Normalmente, se dice una sonrisa *de oreja a oreja*, o sea, supergrande.

Cantarle las ochenta: Si te enfadas con alguien, con que le *cantes las cuarenta* es suficiente, Lulú.

ad345678
24634778901
24634778901

Notas

Lo que más me ha gustado de la historia es:

Me he reído mucho al leer:

Palabras nuevas que he aprendido:

Índice

INSTRUCCIONES DE USO DEL PUNTO DE LIBRO DIGITAL

I. FUNCIONES

Este aparato tiene las funciones de hora, alarma y cuenta atrás desde 19:59 horas hasta 00:00.

II. INSTRUCCIONES

1. Presiona la tecla MODE para cambiar la pantalla entre las distintas funciones: hora, alarma o cuenta atrás.

2. En la función HORA, presiona la tecla SET durante dos segundos para programar la hora y los minutos. Pulsa las teclas UP o DOWN para programar la hora elegida. Después, pulsa SET para acabar la programación.

3. En la función ALARMA, presiona la tecla MODE para introducir la hora de alarma. Pulsa UP o DOWN para conectar o desconectar la alarma anterior. Presiona SET durante dos segundos para cambiar la programación. Pulsa UP o DOWN para indicar la hora elegida y vuelve a presionar la tecla SET para modificar los minutos. Finalmente, pulsa SET para terminar la entrada de la hora.

4. En la función CUENTA ATRÁS, presiona la tecla UP para programar las horas y DOWN para programar los minutos. Para iniciar o cancelar la cuenta atrás, pulsa la tecla SET.